ख़ामोशी

फ़राज़ अनवर

क्रम-सूची

क्रम-सूची

अध्याय1

दोस्त दोस्त बोलकर, दोस्त तक ही रह गए हम
इश्क़ के राह को छोड़कर, दोस्त तक ही रह गए हम
इरादा किया इज़हार करने का तो दोस्ती में दरार आ गई
फिर दोस्ती के तरफ रुख़ मोड़कर, दोस्त तक ही रह गए
हम

~फ Raaz

उसे ये भूल है कि वह भूल नहीं करती
इसी भूल में वह हमेशा भूल है करती
मुझे भूल कर वह रह नहीं सकी कई बार
दोबारा वह मुझे भूल जाने की भूल है करती

~फ Raaz

अध्याय2

तुम झनकार हो, तो तुम्हारे पैरों की पायल हूँ मैं
तुम्हारी इन नशीली आँखों का घायल हूँ मैं
यूँ तो तुम बेवज़ह ही पसंद हो मुझे, मगर
तुम्हारे चेहरे के तिल का बेहद क़ायल हूँ मैं

~फ़Raaz

❦❦❦

मोहब्बत भरी पन्नों पर मैं मेरा नाम चाहता हूँ
तुझसे मेरी सुबह, तुझपर ही मैं शाम चाहता हूँ
इश्क़ में आज तक अधूरे हैं जितने भी क़िस्से
मैं तेरे संग मुक़म्मल ओ क़िस्से तमाम चाहता हूँ

मोहब्बत-ए-सफर का आगाज़ तुझसे जो हुआ है जानम
तो अब इस सफर का तेरे संग ही अंजाम चाहता हूँ

~फ़Raaz

अध्याय3

ज़ुल्म-व-सितम तेरा बहुत सह लिया हमने
यूँ दबे दबे ख़ामोश बहुत रह लिया हमने
पैरों तले तुम्हारी ज़मीं खिसक जायेगी अगर
तुम्हारे चक्करों का हिसाब दे दिया हमने

ये जो तुम उड़ते फिर रही हो मेरे सामने
ज़मीं पर गिरोगी गर रक़ीब से मिला दिया हमने
इस दिल को संभालना अब तेरे बस की बात नहीं
इसे अब किसी और को दे दिया हमने

~फRaaz

तुम्हारे साथ यूँ वक़्त बिताना, अच्छा लगता है
तुम्हें उलझाकर यूँ सताना अच्छा लगता है
वैसे तो मैं सबको अपने राज बताता तक नहीं
पर तुम्हें मेरी हर बात बताना, अच्छा लगता है

~फRaaz

अध्याय4

मेरे हिस्से के दिन को तुम रात कर दो
मुझे इश्क़ के चंगुल से आज़ाद कर दो
जाना है तो बेशक चली जाओ तुम
मेरे इश्क़ के साथ मुझे भी बर्बाद कर दो ?

~फRaaz

मैं साहिल पर बैठा तेरा इंतेजार करता रहा
तू लहरों के बीच उनका दीदार करता रहा
तुझे लहरों का पिंजरा क्या खूब भाने लगा
मैं तेरे इंतेजार में खुद को बीमार करता रहा...

~फRaaz

अध्याय5

ओ ज़िन्दगी थी मेरी, जो ज़िन्दगी में नहीं
बिता रही है ओ ज़िन्दगी अब और कहीं
ज़िन्दगी भर का साथ नहीं माँगा था मैंने
बस एक लम्हे की ज़िन्दगी बितानी थी यहीं...

~फRaaZ

सर्दी के बाद अचानक, जैसे लावा आया है
उसके लहज़े में आज बदलावा आया है
जो कभी नज़र उठाकर देखती नहीं थी मुझे
आज सामने से उसका बुलावा आया है...

~फRaaZ

6. माँ

वह बचपन वाले खिलौने वापस ला दो माँ
वह स्कूल ना जाने के बहाने वापस ला दो माँ

मैं फिर से रूठ जाता हूँ एक कोने में जाकर
तुम गुस्से से भरे ताने वापस ला दो माँ

मैं ज्यादा खाने के लिए अभी भी उदास हूँ देखो
प्लेट में अपने हिस्से के भी खाने वापस ला दो माँ

भूख अभी मिट जायेगी मेरी, बस अपने हाथ के
एक निवाले भर के दाने वापस ला दो माँ

~फRaaz

7. गली

अगर गली वही है, तो फिर क्यों मकान बदला है
मौत से बाद भला किसने शमशान बदला है..?

मैं तो अब भी तुम्हारे कमरे को पहचान लेता हूँ
ये बताओ, क्यों नहीं मेरा दिया सामान बदला है..?

अगर याद आऊँ तो चले आना उसी गली में मेरे
तुम्हारी तरह मैंने नहीं अपना पहचान बदला है

तुम्हें बाइक पर घुमाने की ख़्वाहिश आज भी है मुझे
मैंने आज भी नहीं अपना अरमान बदला है

~फ़Raaz

8. तस्वीर

अपने दिल में आज एक तीर देखा मैंने
वीरान सा हो गया था दिल का कोना-कोना

आज पहली बार इसमें भीड़ देखा मैंने
बड़े दिनों बाद आज उसकी तस्वीर देखा मैंने

भले ही वह जाहिर नहीं करती होगी मेरे सामने
बस ज़रा सा अखरती होगी मेरे सामने

पर उसके हाथों में मेरे नाम का लकीर देखा मैंने
बड़े दिनों बाद आज उसकी तस्वीर देखा मैंने

दिल में मोहब्बत है शायद आज भी जिंदा उसका
आज भी मैं ही हूँ दिल का बासिन्दा उसका

यह सोचते ही बदलता अपना तकदीर देखा मैंने
बड़े दिनों बाद आज उसकी तस्वीर देखा मैंने

बातें तो करती होगी अपने सहेलियों से मेरे बारे
जवाब ढूंढती होगी दिल के पहेलियों से मेरे बारे

जुबाँ पे उसके मेरे नाम का तक़रीर देखा मैंने
बड़े दिनों बाद आज उसकी तस्वीर देखा मैंने

~फRaaz

9. एक दिन

इन आँसुओं को बचाकर रख तू, तेरा दिन भी आएगा
अगर मेहनत की है तूने, तो उसका फल तू पाएगा

तेरे फल की पतंग की डोर तेरे हाथों में ही है
कस कर पकड़कर रख, देखता हूँ कितना भगाएगा

उम्मीद तो छोटी सी किरण से भी मिलती है
घबरा मत, तू सूरज बनकर उजियारा फैलाएगा

भला कब तक रहेगी अँधेरे में तेरी क़िस्मत
रुक ज़रा एक दिन तू सब कुछ कर पाएगा

दुनियाँ चाहे कितनों ही ज़ुल्म ढायेगा
तू चलता जा, ये कुछ न बिगाड़ पायेगा

अब बस शांत कर ले तू अपने मन को
बहुत ज़ल्द तू बहती गंगा में नहायेगा

~फRaaZ

10. बेटी बचाओ

बेटी बचाओ-बेटी पढ़ाओ, नारे बहुत से लगाये हैं हमने
शायद उनसे भी ज़्यादा उनके दिल दुखाये हैं हमने

वह आई जब इस दुनियाँ में तो रोने लगी ये सोचकर
की भला यहाँ लोग हैरान क्यों हैं मुझे देखकर

बेटियों को मारकर उनका ज़ुर्म अपने सर लाये हैं हमने
शायद उनसे भी ज़्यादा उनके दिल दुखाये हैं हमने

उस मासूम सी बच्ची से क़यामत ही क्या होता है
बेटा-बेटी, लड़का-लड़की, ये सब फ़िज़ूल की बातें हैं
ये नन्हा सा बच्चा तो खुदा का नियामत ही होता है

उनको मारकर खुदा के घर अपने लिए आग जलाये हैं हमने
शायद उनसे भी ज्यादा उनके दिल दुखाये हैं हमने

जब अपने घर में रहती है तो बोझ बोली जाती है
पराये घर में भी ताने हर रोज बोली जाती है

पराया समझकर अपने ही घर से उन्हें भगाये हैं हमने
शायद उनसे भी ज्यादा उनके दिल दुखाये हैं हमने

शायद अंदर ही अंदर वह लम्हा-लम्हा मरती है

हर काम को बस सहमा-सहमा करती है
घर के लिए तो एक नया सा नौकर लाये हैं
उसका क्या जो हम उनके दिल को दुखाये हैं

कैद होकर रहती है चार दिवारी के अंदर
जो उन्हें निकाल पाये वही होता है कलंदर

ज़रा सोचो उनके अंदर कितने शोले भड़काये हैं हमने
शायद उनसे भी ज्यादा उनके दिल दुखाये हैं हमने

~फRaaz

11. सीरत से प्यार

हमारे बीच सब कुछ बे-शुमार हो गया
जैसे पूरे रोज़े के बाद अफ्तार हो गया
उससे नज़रें भी अभी मिली नहीं मेरी
बस एक मुस्कान मेरे दिल के पार हो गया

उसकी सूरत से रूबरू ना हुआ मैं
मुझे उसके सीरत से ही प्यार हो गया
वैसे तो किसी से दिल ना लगा मेरा
पर यहाँ मेरे दिल का हार हो गया

लाखों शहजादियाँ हैं इस जहाँ में फ़राज़
क्यों उसके मुस्कान पर तू निसार हो गया..?
उसपर नज़रें ना ही परतीं तो अच्छा था
खामखाँ तेरा भी इश्क़ का कारोबार हो गया

उसकी कस्ती शायद किसी और दरिया में बहती है
अब तू उसके लिए क्यों पतवार हो गया..?
वह मान जायेगी इसी चक्कर में तू भी
इश्क़-ए-इज़हार के लिए तैयार हो गया

आजमा ले अपनी क़िस्मत बस एक बार
बोलने से पहले ही तू क्यों बेज़ार हो गया
क्या, क्या कहा तूने, वह मान गई

जनाब यह तो चमत्कार हो गया...!

~फ़Raaz

12. ज़रूरी तो नहीं

इश्क़ दोनों तरफ हमेशा बरक़रार रहे, ये ज़रूरी तो नहीं
उसके दिल में मोहब्बत बेशुमार रहे, ये ज़रूरी तो नहीं

तुम लाखों बातें बोलना चाहो उससे बेशक मगर
उसके पास भी बातें हज़ार रहे, ये ज़रूरी तो नहीं

माना कि दिल धड़कने के लिए उसका होना लाज़मी है
तुम्हे जीने के लिए उसके दिल में प्यार रहे, ये ज़रूरी तो
नहीं

कभी अगर उसकी निगाहें तुम्हें देखें तो किस्मत समझो
अब उसकी नज़र तुमपर हर बार रहे, ये ज़रूरी तो नहीं

गर वह नदी के उस पार है तो तुम साहिल पर इंतेज़ार करो
तुम्हारे साथ बैठी हुई वह भी इस पार रहे, ये ज़रूरी तो नहीं

~फ़Raaz

13. लड़का होना आसान नहीं होता

शायद लड़के जैसा कोई परेशान नहीं होता
क्यों लड़का होना आसान नहीं होता?

बचपन से ही उसे बस यही दिखाया जाता है
सारे काम तुझे सम्भालने हैं, यही सिखाया जाता है
क्या उस वक़्त उस नन्हे से बच्चे में जान नहीं होता ?
क्यों लड़का होना आसान नहीं होता?

अगर दिल को तसल्ली देने निकल जाओ शाम में
तो लोग यही कहेंगे अरे देखो ध्यान नहीं दे रहा काम में
सारी ज़िन्दगी तो बैठे बैठे ही खा रहा था
अब बाकी ज़िन्दगी भी बिताना है इसे आराम में
क्यों लड़कों का कोई इज़्ज़त कोई मान नहीं होता?
क्यों लड़का होना आसान नहीं होता?

परिवार का उलझन, ज़िन्दगी की थकान
अगर टूट जाओ खुद भी तो संभाले रखना मकान
क्यों उनके उलझनों का कोई समाधान नहीं होता?
क्यों लड़का होना आसान नहीं होता?

कर सको अगर कोई काम तो होशियार कहलाओगे
मर जाना ही बेहतर है मन में बस यही बात दोहराओगे

उनका जगह तो सिर्फ शमशान नहीं होता
क्यों लड़का होना आसान नहीं होता?

~फRaaZ

14. चैटिंग

वो जो हमसे नज़रें चुराकर बात करती है
सुना है किसी और के साथ चैटिंग में लड़ती है
मेरे दिल के पूरे समन्दर को चूसकर पी गयी वो
जाकर किसी और के दिल-ए-दरिया को भरती है

जमीं पर पैर परती नहीं है अब उसकी
यहाँ के शहजादों से इश्क़ करने से डरती है
बादल का टुकड़ा समझकर मुझे छोड़ गयी वो
सुना है आज कल वो आसमाँ में उड़ती है

बेइंतेहा इश्क़ हुआ करता था कभी मुझे उससे
आज कल तो उस पर बस मेरी लानत परती है
कभी मैं दिल में छुपकर रखा करता था उसे
अब तो यार वो मुझे बेहद अखरती है

बोला करती थी की मेरे आशिक़ बहुत हैं ज़माने में
अब क्या हुआ जो वो मेरा ज़िक्र सुबह शाम करती है
मुझे छोड़कर वो यूँ ही चली गयी थी उस वक़्त
तो फिर क्यों आज वो मेरे प्यार के लिए मरती है

~फरRaaz

15. झुमका

दिल को भी तसल्ली दिया था मैंने
इश्क़ भी बेशक निभाया था मैंने
झुमका जो तुम्हारा गिर गया था कभी
उसे भी तो इक रोज उठाया था मैंने

तुम्हें कैसे पता नहीं है इस इश्क़ के बारे
इक बार को तो इशारा भी किया था मैंने
तारों के रात में बैठकर बातें करते हुए
अपना एक शहर का ख्वाब दिखाया था मैंने

झुमका जो तुम्हारा गिर गया था कभी
उसे भी तो इक रोज उठाया था मैंने

भले ही दोस्ती ही हो हम दोनों के बीच में
मुसलसल उसे भी सिद्दत से निभाया था मैंने
और इक रोज जो तुम्हें चोट लग गई थी पैर पर
तब पायल भी बड़े प्यार से उतारा था मैंने

याद करो तुम रो रही थी इक रोज, फिर
तुम्हें बुलाकर पास में बिठाया था मैंने
हमारे दरमियाँ जो इश्क़ था अनकहा सा
दिल के पन्नें खोलकर उन्हें भी दिखाया था मैंने

झुमका जो तुम्हारा गिर गया था कभी
उसे भी तो इक रोज उठाया था मैंने

~फ़Raaz

16. गर ऐसा हो कभी

तुम मेरी इक सदा सुनते दौड़कर आओ कभी
फिर मैं भी बहाने से तुम्हारे क़रीब जाऊँ कभी
तुम्हारा जी चाहे नारियल पानी पीने को, फिर
मैं एक नारियल में दो स्ट्रॉ लगाकर लाऊँ कभी

तुम मेरी गली से हँसते हुए निकलोगी रोज
तब मैं पागल सा छत से तुम्हे बुलाऊँ कभी
इक शब तुम सोच में डूबी रहो मेरे इश्क़ के
फिर मैं धीरे से थपकी देकर तुम्हें सुलाऊँ कभी

तुम्हारा जी चाहे नारियल पानी पीने को, फिर
मैं एक नारियल में दो स्ट्रॉ लगाकर लाऊँ कभी

मुझसे बिछड़ने के ग़म में तुम कभी रोओ अगर
तो जोकर सा बनकर फिर, मैं तुम्हे हंसाऊँ कभी
गर तुम बाल बना रही हो शीशे के सामने फिर
मैं छूकर ज़ुल्फ़ों को तुम्हारे उलझाऊँ कभी

तुम्हारा जी चाहे नारियल पानी पीने को, फिर
मैं एक नारियल में दो स्ट्रॉ लगाकर लाऊँ कभी

~फRaaz

17. बचपन

माँ, मैं बचपन फिर से जीना चाहता हूँ
तेरी गोद में फिर से सोना चाहता हूँ
तुम एक बार फिर से डाँटो न मुझे माँ
मैं मन भरकर फिर से रोना चाहता हूँ

मेरी नादानियों को देखकर हँसो न फिर से
तेरी मुस्कान को अब नहीं मैं खोना चाहता हूँ
तेरी आँचल तले फिर से सुलाओ न मुझे माँ
मैं मख़मल से अच्छा एक बिछौना चाहता हूँ

माँ, मैं बचपन फिर से जीना चाहता हूँ
तेरी गोद में फिर से सोना चाहता हूँ

तुम पीटो न मुझे माँ, मैं ज़िद करना चाहता हूँ
अपने आँखों को अश्कों से भिगोना चाहता हूँ
एक ख़्वाहिश फिर से जगाना चाहता हूँ कि
ओ बचपन वाला ही मैं खिलौना चाहता हूँ

माँ , मैं बचपन फिर से जीना चाहता हूँ
तेरी गोद में फिर से सोना चाहता हूँ....!

~फ़Raaz

18. ऑक्सीजन वाला इश्क़

ओस की बूंदों सी मुझपर गिरती हो तुम
हवाओं के संग मिलकर मुझसे लड़ती हो तुम
ज़रा रूठ सा जाता हूँ गर तुमसे मैं
मिलने को मुझसे फिर मरती हो तुम

यूँ मिलना मिलाना तो होता रहेगा
यूँ देखकर छुपना तो चलता रहेगा
शाम - व - सहर यूँ ही होती रहेगी
ये सूरज तुम्हें देख यूँ जलता रहेगा

पर जब मेरे सामने मुस्कुराकर सँवरती हो तुम
मेरी साँसों में ऑक्सीजन का काम करती हो तुम

तुम्हारे ख्वाब मुझे यूँ ही आते रहेंगे
तेरे संग बिताये पल मुझे सताते रहेंगे
क़रीब नहीं हो तुम मेरे, ये मानता हूँ मैं
तुम्हारी तस्वीरें ही मुझपर प्यार बरसाते रहेंगे

जब अचानक मेरे सामने आकर ठहरती हो तुम
मेरी साँसों में ऑक्सीजन का काम करती हो तुम

~फ़Raaz

19. मौसम

जो मिली नहीं उसका तू आस क्यों लगा रहा है
जो है नहीं उसका तुझे एहसास क्यों हो रहा है

बारिश तो तेरे अश्कों की होनी थी इस वक़्त फ़राज़
ये आसमाँ भला बिन मौसम क्यों रो रहा है

रात सो नहीं पाता, स्टेटस में उसकी तस्वीर है लगाता
आज ऐसा क्या हुआ जो तू चैन की नींद सो रहा है

तू बातें और करता है आँखें कुछ और बयाँ करती है
तेरे दिल के मुक़ाम में आखिर ये क्या हो रहा है

गर ओ किसी के संग चली गयी, उसे जाने भी दो
उस बेवफा का बोझ तू अपने दिल में क्यों ढो रहा है

ओ खो चुकी है बेवफाई के भीड़ में तो खोने दो
उसके लिए तू अब खुद को क्यों खो रहा है..!

~फ़Raaz

20. अधूरी मोहब्बत

नन्हा सा था मेरा बच्चा, उसका कुछ ख़ता ना था
रो रही थी एक कोने में, ये बात किसी को पता ना था
जब मेरे सामने से उसे चार कांधों पर ले जाया गया
तब मुझे लगा कि उसे शायद मुझे कुछ बताना था

बेटी थी ओ मेरी, पर बेटे से ज्यादा उसे चाहा था
जो, जब, जैसे माँगी थी, मैंने खुद ओ सब लाया था
कहते हैं एक बाप का बच्चे पर साया होना ज़रूरी है
पर मेरे ऊपर ही मेरी बच्ची का साया था

मुझे उससे पूछना चाहिए था, सिर्फ प्यार ना जताना था
शायद मेरी बच्ची को मुझे कुछ खास बताना था......

उसकी अम्मी से पूछा तो पता लगा
कि मेरी बच्ची के अश्कों का वजह मैं था
जिस मुजरिम को ढूंढ रहा था मैं हर कोने में
आज उस मुजरिम के जगह मैं था

उसने अपना इश्क़ किसी और को जाना था
मेरी बच्ची को शायद यही बात मुझे बताना था....

मैं सुन ना सका मेरी बच्ची के बात को
वरना एक नई सीढ़ी देता उसके जज़्बात को

मुझे एक दफा बता देती गर वह तो
मैं क़ुबूल करता उस लड़के के हाथ को

मुझसे डरती थी वह शायद, कि मैं मानूँगा नहीं
उसके दिल में क्या है ये कभी जानूँगा नहीं
तूने जो माँगा था मैंने दिया था मेरी बच्ची तुझे
कभी ये, ना बोला था कि मैं लाऊंगा नहीं

तुझे एक दफा मेरे पास हिम्मत कर के आना था
गर मेरी बच्ची तुझे, मुझे कुछ बताना था.....

~फ़Raaz

21. कैसा रहेगा..?

तुम्हारे जुल्फों से गर खेलूँ मैं, तो कैसा रहेगा..?
तुम्हारे ग़मों को भी ले लूँ मैं, तो कैसा रहेगा..?
सबको शौक होता है उलझनों से, साथ में लड़ने का
गर सारे उलझनों को अकेले सह लूँ मैं, तो कैसा रहेगा..?

अकसर लोगो को यहाँ सूरत से मोहब्बत होती है
तुम्हारी आँखों में देखकर रात गुजार दूँ मैं, तो कैसा रहेगा..?
एक दूसरे से लड़ाई हो जाने पर सब माफी माँगते है
बदले में तुम्हें अपने हाथों से सँवार दूँ मैं, तो कैसा रहेगा..?

यहाँ तो सब साथ में हँसते हैं और साथ में रोते हैं
ख़ुद रोते हुए तुम्हें हँसा दूँ मैं, तो कैसा रहेगा..?
सुना है तुम्हें रात को चाँद तारे देखना बेहद पसंद है
उन्हें तुम्हारे आँगन में बसा दूँ मैं, तो कैसा रहेगा..?

जो कहते हैं की चाँद सी खूबसूरती किसी में नहीं
रूबरू कराकर तुमसे उनका भ्रम तोड़ दूँ मैं, तो कैसा रहेगा..?
तुम्हारे आँखों में आँसू आए जिन आँधियों से
तेरे चौखट से पहले ही उनको मोड़ दूँ मैं, तो कैसा रहेगा..?

~फ़Raaz

22. आसान है क्या..?

तुम्हें पाकर फिर से खोना, आसान है क्या..?
तुम्हारे लिए बंद कमरे में रोना, आसान है क्या..?
तुम चली गई तो उसका ग़म नहीं है मुझे, लेकिन
तुम्हारे बदले किसी और से इश्क़ होना, आसान है क्या..?

खुद के सामने तुम्हें किसी का होते देखना, आसान है
क्या..?
तुम्हें अपने हाथों से किसी और के घर भेजना, आसान है
क्या..?
तुम मेरे दिल के महलों में राज किया करती थी
अब जान बूझकर तुम्हें दलदल में फेंकना, आसान है क्या..?

शाम-व-सहर सिर्फ तुम्हारे बारे सोचना, आसान है क्या..?
भरी महफ़िल में तुम्हारे बिदाई को रोकना, आसान है क्या.?
तुम खुद ही मान जाती तो कितना अच्छा रहता
तुमसे निकाह के लिए दूल्हे को टोकना, आसान है क्या..?

तुम्हारे दूल्हे के सामने तुमसे नज़रें मिलाना, आसान है
क्या?
तुम्हारे जैसा, इश्क़ का मज़ाक उड़ाना, आसान है क्या..?
बेशक तुम निकाह तो कर रही हो उससे मगर
तुम्हारे दिल से मेरे इश्क़ को चुराना, आसान है क्या..?

23. कमाल लगती है

ज़ुल्फ़ें खोलकर जब मुस्कुराती है, तो कमाल लगती है
मेरा नाम लेकर मुझे बुलाती है, तो कमाल लगती है

दो दिनों की बड़ी है मुझसे, इसका फायदा उठाकर
वह जब आँखें दिखाती है, तो कमाल लगती है

राह में कभी ठोकर ना लगे मुझे, ये सोचकर जब
चलने का सलीका सिखाती है, तो कमाल लगती है

गुस्से में चाहे जितना भी लड़ ले मुझसे लेकिन
जब सॉरी बोलकर मुझे मनाती है, तो कमाल लगती है

काला धागा बाँधा है मैंने, ताकि नज़र ना लगे उसे
मसला ये है कि तब भी वह कमाल लगती है

~फ़Raaz

24. किसके लिए..?

ये अल्फ़ाज़ ये शायरी, किसके लिए..?
मोहब्बत भरी ये डायरी, किसके लिए..?
कोई तो है नहीं तेरे ज़िन्दगी में फ़राज़
फिर दिल में ये बेक़रारी, किसके लिए..?

कल तक तो तुझे सरीफों में गिना जाता था
अब अचानक ये आवारगी, किसके लिए..?
तू तो वाक़िफ़ है सबके धोके भरी मोहब्बत से
तो दिल में ये इश्क़ की बीमारी, किसके लिए..?

तेरे ज़िन्दगी के ताश में बेग़म तो है नहीं
फिर ये चाल, ये होशियारी, किसके लिए..?
दिल तो पत्थर का बना रखा है तूने
ये अश्कों की कलाकारी, किसके लिए..?

आँखों में आसूँ है चेहरे पर हँसी है
अब भला ये अदाकारी, किसके लिए..?
सबकुछ तो खो चुका है तू दुनियाँ के भीड़ में
फिर भी है मेहनत जारी, किसके लिए..?

~फ़Raaz

25. बस एक ख़्वाब

एक ख़्वाब देखा मैंने, उसे मेरे साथ देखा मैंने
मेरे हाथों में पहली बार उसका हाथ देखा मैंने
अफ़सोस है तो बस इसी बात का है मुझे
की जो देखा मैंने बस एक ख़्वाब देखा मैंने

नज़रें भी मिली थी, इशारा भी हुआ था
ख़्वाब में ही सही, ख़्वाब पूरा भी हुआ था
एक रात में उसके साथ हज़ारों रात देखा मैंने
पर जो देखा मैंने बस एक ख़्वाब देखा मैंने

कुछ भी कहो नींद ग़ज़ब की आई थी
ख़ुशी भी आँखों में अजब सी छाई थी
हर सिम्त बस उजाले नज़र आ रहे थे
उसके चेहरे ने हर जगह रौशनी लाई थी

दिल को कहा ये लम्हे यूँ ही कभी बर्बाद ना हो
जो देख रहा हूँ महज़ एक ख़्वाब ना हो

कुछ लम्हों में टूटता मेरा जज़्बात देखा मैंने
क्योंकि जो देखा मैंने बस एक ख़्वाब देखा मैंने...

~फ़Raaz

26. मोहब्बत है

उसके ऑनलाइन आने का इंतेज़ार करना, मोहब्बत है
उसके मैसेज करने पर दिल का बेक़रार होना, मोहब्बत है
मैसेज में हज़ारों बातें आसानी से कर लेना पर
सामने आते ही दिल का बार-बार धड़कना, मोहब्बत है

बोले बिना, लफ़्ज़ों का दिल में ही हुजूम करना, मोहब्बत है
उसके डीपी को मुस्कुराते हुए ज़ूम करना, मोहब्बत है
हक़ीक़त में भले ही कुछ बात ना कर पाओ, मगर
ख़्वाबों को ही सजाकर बज़्मे अंजुम करना, मोहब्बत है

उसका तुम्हें दोस्त समझकर हर बातें बताना
तुम्हारा "आई लव यू" लिखकर हर बार मिटाना, मोहब्बत है
उसका फोटो अपलोड करते ही तुम्हारा लाइक करना
कमेंट में जाकर तारीफों का पहाड़ बनाना, मोहब्बत है

तुम्हें उसपर Crush है, ये दुनियाँ से छुपाना, मोहब्बत है
दोस्तों से जाकर उसकी हर बात बताना, मोहब्बत है
जानते हो की शायद वह Crush ही रहेगी ज़िन्दगी भर
फिर भी उसके इज़हार का उम्मीद लगाना, मोहब्बत है

~फ़Raaz